¡Actualización de marketing por correo electrónico 2020!

Marketing por correo electrónico, con un giro social para 2020

VISITA NUESTRA WEB:CAMBIOCLIMATIC.COM

Introducción al marketing por correo electrónico social

Si bien a algunas personas les gustaría hacerle creer que el marketing por correo electrónico pronto
se extinguieron en 2018 y más allá nada podría estar más lejos de la verdad.
Hay muchas personas a las que les gustaría que creyeras en la nueva forma de
La comunicación con amigos y clientes pronto será estrictamente social y se saltará el
todo el proceso de marketing por correo electrónico.
Si bien no negaré que los sitios de marketing social como Twitter, Facebook y
LinkedIn es una excelente manera de mantenerse en contacto con su público que todavía necesitamos en gran medida
centrarse en el marketing por correo electrónico de calidad.

Los resultados de ForeSee.com informan sobre las redes sociales que el 64% de los consumidores
activo en Internet si se le da la opción, prefiere el contacto promocional de los minoristas
por correo electrónico a través de las redes sociales.
También ha habido pruebas e informes que han demostrado muchas veces que el correo electrónico
El marketing todavía genera tasas de conversión mucho más altas cuando se venden productos a
consumidores que cualquier otro tipo de contacto con el cliente, incluidas todas las formas
medios de comunicación.
Es cierto que los medios de comunicación social son una excelente manera de hacer que los suscriptores accedan a su correo electrónico.
lista con obsequios y sobornos premium ofrecidos a través de los medios de comunicación social como
como Twitter y Facebook, el seguimiento de esos clientes se realiza mejor a través de
correo electrónico de respuesta directa.
Si bien hay muy pocas dudas de que las redes sociales llegaron para quedarse, predigo que en el
En un futuro muy cercano, comenzarían a ver que el correo electrónico comenzara a desarrollar su propia red social.
interacción media de formas que nunca antes habíamos visto.
Un ejemplo perfecto de esto es una nueva aplicación que puede conectar a su cuenta de Gmail.
llamado Rapportive.com
Rapportive es una nueva e increíble aplicación de Gmail que te muestra todo sobre tu
contactos dentro de la bandeja de entrada de su correo electrónico.
Rapportive le ofrece actualizaciones instantáneas sobre lo que están haciendo sus contactos de correo electrónico en todos
de sus cuentas de redes sociales, incluidas Facebook, Twitter, LinkedIn y más.
Rapportive le brinda perfiles ricos en contenido directamente dentro de su cuenta de Gmail
incluyendo una foto de la persona con la que estás hablando. Este tipo de interacción social en

su bandeja de entrada le da a su correo electrónico una sensación más personal.

También hay enlaces que le permiten seguir a cualquier persona a la que pueda estar enviando mensajes de correo electrónico en cualquier momento.

posibilidad de que aún no esté conectado socialmente con esa persona.

Otra característica muy interesante es que Rapportive reemplaza los anuncios de Gmail dentro de su correo electrónico.

bandeja de entrada de correo electrónico, por lo que ahora, en lugar de mirar anuncios, puede averiguar qué sucede en sus amigos y clientes viven sin siquiera iniciar sesión en Facebook.

Este es el correo electrónico y el marketing social con esteroides, ¿esperaría algo menos por 2018 en su negocio de marketing en Internet?

Si aún no está utilizando Rapportive en su cuenta de correo electrónico de Gmail o aplicaciones de Google debe comenzar a usarlo hoy, simple y llanamente si se toma en serio su Negocio de marketing en Internet.

Dirigirse a su marketing por correo electrónico

Uno de los aspectos nuevos más importantes del marketing por correo electrónico es asegurarse de que
el contenido está altamente dirigido a su base de clientes.
Una de las formas de asegurarse de que se dirige correctamente a su base de clientes es el Sr.
experimentación intensa y pruebas divididas de su contenido.
Piense en cada correo electrónico que envía a su lista de clientes como si estuviera enviando
a tu madre o mejor amiga. Cuando escribes como si estuvieras hablando con un soltero
persona o una pequeña audiencia de buenos amigos con la que se conectará

lista de clientes a un nivel mucho más personal.

Ahora que el marketing por correo electrónico ha sido tan popular durante tantos años, muchas personas

no he obtenido una nueva dirección de correo electrónico en más de cinco años están suscritos a tantos

malditas listas de correo electrónico que es increíblemente fácil para que su correo electrónico se pierda entre la multitud.

Debido a esto, debemos asegurarnos de que su correo electrónico se destaque y que también

construya una relación con su base de clientes.

Algunas de las formas en que puede orientar su correo electrónico son prestando especial atención a

cosas como:

• Líneas de asunto
• Fecha y hora del correo electrónico
• Cantidad de contenido gratuito frente a cantidad de presentaciones

El tono general de decidir si desea hablar con su cliente de forma profesional o

tono personal según el tipo de producto y el tipo de nicho que márketing.

Segmentación a través de análisis

La mayoría de los respondedores de marketing por correo electrónico en la actualidad vienen con

segmentación y herramientas analíticas para ayudarlo a realizar múltiples tipos diferentes de pruebas

con su lista de correo electrónico en cada uno de los correos electrónicos que envíe.

En 2018, es increíblemente fácil encontrar respuestas automáticas que le permitirán enviar un correo electrónico.

correo sobre cualquier tema dado hoy, y luego, en unas horas o incluso mañana, extraiga

informe que le dice exactamente qué suscriptores en su lista de correo electrónico

1. abrió su correo electrónico
2. haga clic en el enlace de la fecha en su correo electrónico
3. reenvió su correo electrónico a un amigo

¿Te imaginas lo poderoso que es enviar un correo electrónico a 2000 personas y
mañana te darás cuenta de que solo 500 de esas personas accedieron a tu
página de productos?

Con esta información, hay muchas cosas diferentes que podemos hacer.
Podemos enviar otro correo electrónico solo a las 500 personas que hicieron clic y preguntaron qué
pensó en la información presentada en su sitio web y pedirles que compren.
Otra opción es que podamos enviar un correo electrónico por separado a las 1500 personas que no
haga clic en el enlace de su correo electrónico y pregúnteles por qué. Ahora puede crear algún tipo de
urgencia sobre un informe gratuito que va a desaparecer o un video que solo se publicará
publicado por un tiempo limitado, por lo que deben hacer clic hoy para obtener acceso.
Al poder dar instrucciones específicas a las personas en función de lo que hicieron con el
correo electrónico anterior que les envió, es increíblemente fácil guiar a sus clientes en
exactamente la dirección y el embudo de ventas al que desea que vayan.
En un tiempo íbamos a hablar más sobre todos los socorristas y por qué necesita uno tan
puede orientar altamente todo el contenido que envía a su base de clientes.

¿Blogs tu correo electrónico?

Algo más que debe considerar seriamente al decidir comercializar con e-
mail publica una copia de cada correo electrónico que envía a su blog.

El beneficio de publicar el correo electrónico que envía también en su blog para que pueda obtener
toneladas de contenido disponible para que los motores de búsqueda lo recojan, sin mencionar con
la interactividad social que tienen los blogs hoy en día, puede obtener muchas novedades
tráfico cuando pones botones de Twitter y Facebook en tu blog para que la gente pueda
re-tuitear o dar me gusta a las publicaciones de tu blog de tus correos electrónicos que darán a cada correo electrónico
que envías un pequeño efecto viral.
Piénselo de esta manera, lo que envió un correo electrónico a su lista de clientes probablemente recibió
cuestión de unas pocas horas si tiene suerte antes de que ese correo electrónico esté enterrado en su
bandeja de entrada del cliente y posiblemente nunca más se vuelva a ver.
Al bloguear todo su correo electrónico, obtiene todo el contenido que crea de forma ilimitada.
vida útil que nunca expira. Se sorprenderá de cuántos de sus clientes
que puede perder uno de sus correos electrónicos, descárguelo durante cinco días después de enviarlo
porque siguen tu blog.

Una cosa importante que debe recordar al publicar el contenido de su correo electrónico en su
blog es mantenerse relevante en el tema de su nicho de marketing. Si gastaste
años construyendo una lista de correo electrónico de clientes a los que les gusta comprar material en PNL
o hipnosis, pero de repente su blog comienza a mostrar mensajes de correo electrónico que hablan
sobre cómo dar un gran masaje, perderá rápidamente a sus clientes
interesar. Si estuvieran buscando información sobre masajes, estarían en

otra lista de correo electrónico que no es la suya. ***Seguimiento con correo electrónico***

Si bien el marketing social es excelente para ayudar a hacer crecer su lista de correo electrónico, la mejor manera de permanecer en El contacto es a través del seguimiento por correo electrónico y eso no cambiará pronto.

Supongo que si está leyendo esta guía sobre marketing por correo electrónico para su empresa en 2018, entonces lo más probable es que ya tenga una cuenta de respuesta automática.

Si no es así, debe dejar de leer ahora mismo y obtener una cuenta de prueba gratuita en a http://www.Aweber.com

Una vez que haya hecho eso, vuelva a esta guía y continúe.

¿Por qué necesita un Autorespondedor?

Si alguna vez estuvo en un sitio web y completó un formulario de suscripción para obtener más información acerca de un producto o servicio, o se suscribió a un boletín informativo por correo electrónico en Internet, y recibió una respuesta casi instantánea en la bandeja de entrada de su correo electrónico, una El programa de respuesta automática se encargó de entregar la respuesta.

En pocas palabras, las respuestas automáticas son programas de correo electrónico que envían un mensaje preestablecido en respuesta a cada correo electrónico entrante recibido. Algunas respuestas automáticas, como registrarse servicios para grupos electrónicos y foros, son ofertas únicas: una única respuesta para cada mensaje recibido.

Casi todas las empresas basadas en Internet utilizan respuestas automáticas para una variedad de propósitos, de automatizar tareas que de otro modo tomarían cientos de horas para crear listas y rastrear posibles clientes potenciales.

Varias respuestas automáticas envían una serie de mensajes a las direcciones de correo electrónico recibidas en

una base predeterminada y cronometrada. Por ejemplo, se puede utilizar una respuesta automática múltiple
para enviar una respuesta instantánea, luego un mensaje de seguimiento tres días después, luego
otros cinco días después de eso, y así sucesivamente.
Se puede programar para enviar un mensaje al día, uno por semana, dos veces al mes o
cualquier intervalo que satisfaga el propósito de la serie de mensajes.

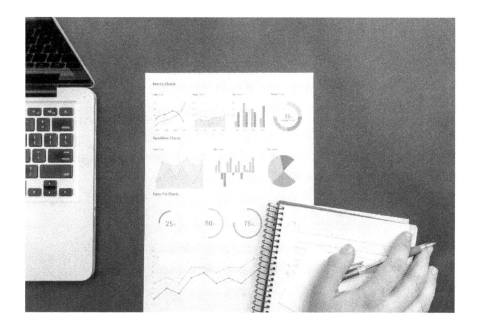

Página 7

Los autorespondedores son las herramientas de marketing en Internet más poderosas disponibles. Son
fáciles de usar y, una vez configurados, todo el proceso de marketing se automatiza y
instante. Cuando utiliza respuestas automáticas, su negocio en Internet funciona solo las 24 horas.

un día. Lanzar una campaña de respuesta automática eficaz puede significar la diferencia
entre un negocio en apuros y uno tremendamente exitoso.

¿Cómo puedo ganar dinero con autorespondedores?

Casi cualquier negocio en línea puede beneficiarse mediante el uso de respuestas automáticas. De hecho, con un
campaña organizada correctamente, su nuevo negocio en Internet se puede construir en torno a
un programa de respuesta automática. Todo lo que necesita es un producto y una serie eficaz de
mensajes de respuesta automática, y puede empezar a tallar su parte del pastel de Internet.

Tu respuesta automática es tu gallina de oro: la herramienta de marketing que venderá tu
producto bien desarrollado con mucha más eficacia que cualquier otra forma de publicidad. Pocos
las ventas las realizan compradores impulsivos, especialmente en Internet. Pero si puedes
para hacer llegar su mensaje repetidamente a las personas que ya están interesadas en lo que
tiene que ofrecer, verá una respuesta de ventas explosiva.

Esta guía le brindará toda la información que necesita para comenzar a beneficiarse
autorespondedores y marketing por correo electrónico.

Te ayudaré a elegir un tema de nicho que funcione mejor para ti y tu
situación; luego, juntos, investigaríamos su mercado y encontrarían o desarrollarían
gran contenido que la gente quiere comprar para que pueda iniciar su propio
sitio web de escaparate; personalice sus mensajes de respuesta automática para obtener el máximo
eficacia; y cree una poderosa lista de autorespondedores que le permitirán ganar dinero
incluso mientras duermes.

¿Estas listo para empezar?

Para ganar dinero con autorespondedores, necesita un producto. La mayor parte del tiempo, el producto que está vendiendo o regalando para crear su lista de correo electrónico será un

producto de información de algún tipo. Estos incluirán, pero definitivamente no están limitados

a: un libro electrónico, un libro impreso, un curso electrónico, una revista electrónica o un boletín informativo, un CD o una descarga programa de audio.

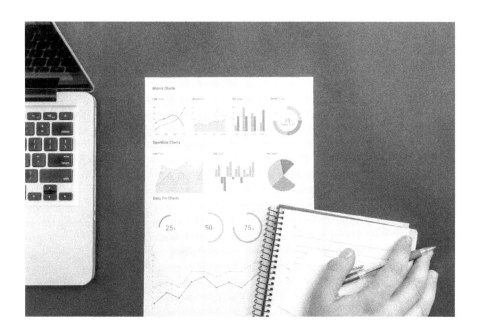

Su tema debe ser algo que atraiga a una amplia audiencia; podría tener la

el mejor libro del mundo sobre la cría de boa constrictoras del Amazonas en casa, pero las únicas personas

interesados serían personas que ya poseen una boa constrictor amazónica, o

he pensado en comprar uno. En este caso, su base de ventas estaría limitada (a

ponlo bien). Por otro lado, si su libro o producto le dice a la gente cómo hacer quinientos dólares el minuto, bueno, es posible que tenga bastantes compradores potenciales.

Una vez que comience a crear su lista de correo electrónico, habrá cosas que debe hacer

para ayudar a nutrirlo, para que pueda comenzar a desarrollar un uno a uno personal

relación con sus nuevos clientes. Aquí hay algunas cosas a considerar ...

1) Consiga que sus clientes confíen primero en usted y en sus productos. Simplemente lanzando su opción

en la lista no lo convertiría en un experto y un vendedor creíble. Pon muchos artículos

primero antes de comenzar una lista de suscripción. Escribe sobre el tema que conoces y tienes

iniciado y utilizado para su sitio. Trate de poner los foros en primer lugar para obtener conocimientos sobre

sus clientes sobre sus deseos y necesidades y apunte a esos deseos y necesidades.

Únase a foros de otros sitios también. Brindar consejos y recomendaciones de expertos.

Cuando sienta que la gente ya confía en usted, podrá comenzar su propio

lista de suscripción. También puede construir una base con otros usuarios del foro. Puedes pedir

para que se unan a su lista. Los amigos siempre son buenos clientes. Ponga un enlace a su

sitio para que puedan ver de qué se trata su negocio.

La verdad es que el dinero solo entrará cuando los consumidores y los suscriptores creen y confían en ti. Quieren un producto o servicio que pueda

sea un buen intercambio por su dinero. La gente no va a comprar algo

de tu recomendación si no te conocen.

2) Encuentre un producto o servicio que la gente quiera y necesite. Aunque puede que no sea tu

forte, si proporciona un servicio y producto que ha investigado y

bien aprendido, puedes llevarlo adelante. Invierta su tiempo, esfuerzo y
dinero que podría vender, así como a los compradores o suscriptores de su lista de suscripción
puedo usar.
Si bien es cierto que lo mejor es vender algo que te interese, existen
no mucha gente que tenga el mismo interés que usted si decide vender
algo que no es del todo popular o rentable. Investiga bien y vería que las ganancias ingresan. También brinde a sus suscriptores
material promocional que puedan utilizar y difundir.
3) Hazte amigo de otros usuarios de la lista opt-in. Esto es básicamente beneficioso, especialmente si
es alguien que ya ha lanzado una lista de suscripción exitosa. Estas son personas
que tenga la experiencia en esta empresa y la experiencia sigue siendo el mejor maestro.
Si bien hay muchos artículos disponibles para que los use en Internet, hay
nada como obtener una cuenta de primera mano de alguien en quien confía.
Los usuarios experimentados de la lista de suscripción podrán decirle qué hacer y qué no hacer
porque lo han pasado. Si bien ocurren diferentes situaciones para diferentes
personas, el concepto general puede resultar muy útil. Hay muchas cosas para
evitar y estas personas podrán decirte cuáles.
La creación de una lista opt-in rentable no ocurre de la noche a la mañana. Hay muchos
preparativos y esfuerzo por hacer. Las listas de participación se crean desde cero, como su lista
crece, también debe mantener la calidad de su lista. Mantenlo organizado y
manejable. Obtenga o contrate ayuda si es necesario, solo asegúrese de que sus suscriptores
están felices y satisfechos y estarán dispuestos a comprarle.

Es posible que el marketing online haya experimentado un aumento repentino en los últimos años, pero
muchos que saben cómo han sentido su surgimiento incluso desde entonces. Como más internet
empresas basadas en la creación, la necesidad de desarrollar nuevas habilidades de marketing y
han surgido conocimientos basados en este nuevo medio. Cada vez más marketing
Se están descubriendo y desarrollando estrategias para hacer frente a la cara cambiante de
los negocios el mundo empresarial.
La demanda de consejos y estrategias de marketing online ha crecido drásticamente y
Ha nacido una nueva forma de negocio, las estrategias de marketing en Internet. Mientras que hay
son empresas que están muy ansiosas por ayudar a su sitio y a su negocio a crear una
clientela por una tarifa, también hay muchas formas de difundir su subsistencia de los sitios de una manera más libre de costos. Uno de ellos es el marketing por correo electrónico opcional, también conocido como marketing de permisos.
El marketing opt-in requiere el permiso de un cliente dispuesto a suscribirse a su
materiales de marketing, materiales que toman forma en boletines, catálogos y
mailings promocionales vía e-mail. Cuanto más correo de marketing opt-in se envíe, el
más posibilidades hay de embolsar ventas y más ventas. Para hacer esto, debe construir un
lista de todos aquellos que quieren suscribirse a su lista de marketing de suscripción.
De su lista, obtendrá su cliente objetivo, esta es una buena lista ya que
ya han mostrado interés en lo que tienes que mostrar y vender, ya que han

voluntariamente se registró para su lista.

Estas son las personas a las que les ha gustado lo que han visto en su sitio y han
decidió que quieren ver más y tal vez incluso comprar cualquier producto o
servicio que su empresa y sitio tiene para ofrecer.
Mucha gente pensaría que construir sus listas requeriría mucho trabajo y mucho
tiempo para construir y recopilar nombres y direcciones. Esto no es así, se necesita un poco de
paciencia y algunas estrategias, pero al hacer esta lista, abre su sitio y su
negocio a un mundo completamente nuevo de mercado objetivo. Haz el esfuerzo de tomar tu
negocio a un nuevo nivel, si el tráfico aumenta y lo que desea es obtener buenos beneficios,
una lista opt-in hará maravillas para su empresa.
Hay muchas fuentes y artículos en Internet disponibles para que todos los lean.
y siga en la construcción de una lista. A veces pueden resultar confusos porque no

Hay tantas y diferentes formas. Diferentes grupos de personas habrían
diferentes enfoques en la creación de una lista de inclusión voluntaria, pero sin importar la diversidad de
Los métodos son, siempre hay algunas cosas cruciales que hacer para construir su lista. Aquí
son cuatro de ellos.
1) Coloque un buen formulario web en su sitio que siga inmediatamente al final de su
contenido. Si bien algunos pueden decir que es demasiado pronto para suscribirse a los visitantes de un sitio web
aplicación, intente recordar que su página de inicio debe proporcionar una buena

---

impresión. Si de alguna manera un visitante del sitio web encuentra algo que no
me gusta y los apaga, es posible que simplemente se olviden de registrarse.
Un buen formulario web para suscribirse a una lista opt-in no es difícil de hacer. Solo escribe un
declaración breve y sencilla sobre cómo les gustaría ver más y actualizarse
sobre el sitio. Entonces debería haber un área donde pudieran poner sus
nombres y dirección de correo electrónico. Este formulario web se guardará automáticamente y le enviará
se ingresan los datos. A medida que más personas inicien sesión, su lista irá creciendo.
2) Como se mencionó en el primer consejo, haga que su página de inicio sea muy, muy impresionante. Tú
necesita tener artículos y descripciones bien redactados de su sitio. Dependiendo de
de qué se trata su sitio, debe captar la imaginación de los visitantes de su sitio web.
Haga que su sitio sea útil y muy fácil de usar. No esperes que todo el mundo sea técnico

16

comprensión. Invierte en tener una buena programación en tu sitio, haz tus gráficos
hermoso, pero no te excedas.
No pierda el tiempo haciendo que la página de inicio sea demasiado grande en megabytes. No
todas las personas tienen conexiones T1 dedicadas, cuanto más rápido se cargue su sitio, más
mejor. Elija un estilo que limite entre la sencillez y la sofisticación conocimiento.
3) Brindar buenos servicios y productos. Es más probable que un cliente que regresa traiga
más negocios. Incluso entonces y ahora, un cliente satisfecho recomendará un
negocio siempre. El boca a boca y las recomendaciones por sí solas pueden generar más
negocio que un anuncio caro. A medida que su lista de clientes crezca, también lo hará su lista.
Con más miembros en la lista, más personas sabrán qué tienes algo nuevo que ofrecer.
4) Mantenga una lista limpia y privada. Nunca pierda la confianza que le han confiado sus clientes
usted. Si proporciona correos electrónicos a otras personas y reciben spam, muchos
probablemente cancelar tu suscripción. Recuerde, una buena reputación generará más
tráfico y suscriptores así como fortalecer la fidelización de sus clientes.
4 formas de hacer que sus suscriptores opt-in confíen en usted rápidamente
Mientras que el resto del mundo ha desarrollado muchas barreras y protecciones para mantener
sus cuentas de correo electrónico están libres de spam, también hay quienes se suscriben a los correos
que promociona sus productos, servicios y su sitio. Esto se debe principalmente a
estos suscriptores quieren saber más sobre lo que ofrecen estos sitios y
puede ser beneficioso para ellos. Esperan que se les mantenga informados sobre lo que son

interesados y qué hay de nuevo en el mercado o campo que han elegido.

Las empresas tendrían tanta suerte de tener este tipo de clientes; el elemento básico
lo que se necesita para conseguir este tipo de personas es la confianza. Cuando tus clientes confían en ti
ellos te recompensarán con su lealtad. Muchos usuarios de Internet han hecho grandes
esfuerzos para proteger sus cuentas de correo electrónico del correo no deseado. Algún correo gratuito
Los proveedores de Internet y los proveedores de servicios de Internet ofrecen protección contra spam mientras
También hay algunas empresas basadas en Internet que filtran sus correos por usted.
Con una lista de correo opcional, los correos que envía que contienen sus materiales promocionales
como boletines, catálogos y medios de marketing.
Su destinatario previsto podrá leer y ver lo que ha enviado para hacerlo

una transferencia exitosa de información. Para poder hacerlo, deberá

necesita permiso de su destinatario, para obtener este permiso; Necesitas ser

capaz de ganarse su confianza. Con la gran falta de respeto por la privacidad en el

Internet, conseguir la confianza de un usuario de Internet que no conoce personalmente es una gran

logro.

Para crear una buena lista de aceptación, necesita personas que confíen en usted, para una

acumular, necesita que sus suscriptores opt-in confíen en usted rápidamente. los

más rápido construye su lista de suscripción la palabra más rápida sobre su sitio y empresa

llega a difundirse. Cuanto mayor sea el alcance de su lista de suscripción, más tráfico

obtener más beneficios ortográficos. Es matemática fácil si piensas en ello. Conseguir el

Sin embargo, los números no son tan simples, ¿o tal vez lo son?

• Obtener la confianza de su clientela no debería ser tan difícil, especialmente si tiene

un negocio legítimo. Conseguir la confianza de sus clientes debe basarse en su

pericia. La gente confía en otras personas que saben de lo que están hablando.

Obtenga todo el conocimiento y la información sobre su negocio. Ell, francamente si

decide emprender un negocio, lo más probable es que tenga interés en él. Me gusta

cuántos pagadores de baloncesto se convierten en entrenadores, realmente no te adentras en

algo en lo que no tienes ningún interés.

• Muestre a sus clientes que sabe de lo que está hablando. Proporcionarles

consejos y pautas útiles que pertenecen a lo que está vendiendo. Hablar de como

para instalar un techo si le gustan los productos de hardware o proporcionar artículos sobre seguros

acuerdos si es un abogado de acuerdos. No tienes que ser grande corporación para hacer uso de una lista de inclusión voluntaria. Si tus clientes te ven como alguien
quién sabe lo que hace y dice, confiarán en ti rápidamente.
• Sea fiel a sus clientes, si desea promocionar sus productos y servicios,
brindar garantías. Cuantos más clientes satisfechos obtenga, mayor es probable que te recomienden. Generalmente, la gente confiará alguien que conocen, cuando ese alguien te recomienda, entonces eres un shoo-
en. Accederán a su sitio, lo comprobarán por sí mismos y tendrán la oportunidad

para experimentar lo que el otro afeitado experimentó de ti, así que asegúrate de estar
consistente en el servicio que brinda.
• Otro consejo para lograr que un cliente confíe en usted rápidamente es brindarle una
escotilla de escape. Muéstrales que no estás ahí para atraparlos. Mantenga una lista limpia
eso les permitiría darse de baja en cualquier momento que lo deseen. Elabora tu web
formulario proporcionando información sobre cómo darse de baja de la lista. Garantía
ellos que pueden dejar el servicio cuando lo deseen. Muchos son cautelosos
que pueden quedarse atascados de por vida y tendrían que abandonar sus cuentas de correo electrónico
cuando son molestados con spam.
Recuerde que cuando obtenga la confianza de sus clientes, no la pierda. Porque
si hace algo con sus direcciones de correo electrónico, como venderlas o darlas,
perderá muchos miembros de su lista así como miembros potenciales. La verdad
La forma más rápida de ganarse la confianza de sus suscriptores es cuando está

recomendado por alguien en quien confían.

Cómo crear una lista de suscriptores ansiosos

Todo negocio online brinda un gran servicio para generar satisfacción entre sus

clientes. Como todos y cada uno de los clientes reciben satisfacción por su

productos o servicios que reciben, existe una gran posibilidad de que se conviertan en

un cliente que regresa y compra de nuevo. Mejor aún, te recomendarán a otros

personas que podrían generar más negocios para usted y su sitio.

A medida que se dirige más tráfico a su sitio, puede atraer a muchos de ellos para que se suscriban

su lista de correo o lista de suscripción. Esta es una lista en la que los visitantes del sitio web aceptan estar

envió materiales promocionales como boletines, catálogos y otros que pudieran

manténgalos actualizados sobre su sitio o el nicho de su

sitio. Estos promocionales

Los materiales se envían por correo electrónico a los miembros de la lista en diferentes horarios.

intervalos.

Al utilizar el correo electrónico como medio de marketing y publicidad,

eliminar la necesidad de costos elevados. El correo electrónico es gratuito y si puede hacerlo

sus propios anuncios promocionales también puede guardar un paquete allí. Con

una lista de suscriptores optativos, está bastante seguro de que lo que está enviando es

recibido, visto y leído por los suscriptores y no simplemente ser eliminado.

Se han inscrito para recibir el servicio y han dado su consentimiento para recibirlo.

Esto significa que hay recordatorios constantes para sus suscriptores sobre todos sus

productos, nuevos productos y servicios, así como cualquier promoción y especial

ofertas que está teniendo.

También existe la posibilidad de que se puedan reenviar a otros clientes potenciales como
les cuentan a sus amigos y familiares sobre usted y su sitio.

Por supuesto, también debe tener en cuenta que un suscriptor puede darse de baja cuando
sienten que no están obteniendo lo que quieren o esperan. Asegúrate de que
están satisfechos con sus estrategias de marketing opt-in y manténgalos entusiasmados en
recibir sus boletines y catálogos. Aquí hay algunos consejos que pueden ayudarlo.
construya una lista de suscriptores ansiosos.
Haga que sus materiales promocionales sean interesantes y divertidos. Intenta usar un poco de creatividad
pero no demasiado artístico. Construya en torno a lo que trata su producto o servicio. Para
ejemplo; Si vende repuestos para automóviles, coloque algunas fotos de las novedades en el
mundo de las piezas de automóvil, una nueva puerta de ala posiblemente que se adapte a cualquier automóvil y lo haga lucir como un Lamborghini.
Trate de investigar lo que la gente está buscando, de esta manera, estará un paso por delante de
ellos todo el tiempo y serás su portador de nuevas noticias. Ellos estarán ansiosos
para recibir lo que les estas enviando porque son nuevos siempre los tienes frescos
y cosas nuevas para compartir con ellos.
Escribe buenos artículos que puedan ser muy informativos pero ligeros al mismo tiempo. Si
sus suscriptores disfrutan de sus artículos, irán a su sitio haciendo clic en el
enlaces que pondrá en su boletín para leer más. Usted puede proporcione artículos que puedan conectar con muchas
personas. Sea diverso en sus artículos.
Pon algo gracioso, luego algo informativo, luego pon

algo que tiene ambos.

¿Le preocupa esto porque no le gusta escribir? No hay problema, hay

muchos escritores de artículos profesionales y experimentados que pueden hacer el trabajo por usted

por tarifas mínimas. Saben lo que están haciendo y pueden satisfacer la necesidad de

tiene para sus boletines, el dinero que paga por sus artículos es

se encontrará con las numerosas inscripciones y el beneficio potencial de las ventas

que obtendrás.

Cree y envíe un libro electrónico a sus clientes sobre cualquier tema relacionado con su

negocio o sitio. Utilice su conocimiento y experiencia en el campo que ha elegido

para ayudar a otras personas que estén igualmente

interesadas. Ofrezca este libro electrónico de forma gratuita. Tú puede escribir sobre cualquier cosa informativa y útil para sus suscriptores. Para

ejemplo; puedes hacer manuales y guías en muchas cosas. Este libro electrónico podría

ser utilizado como referencia para muchas personas.

Comparta este libro electrónico con todo el mundo, incluso con otros sitios; solo asegúrate de que no

cambie los enlaces del libro electrónico que llevarán a las personas a su sitio. Si quieres,

siempre puede hacer que algunas personas lo escriban para usted al igual que sus artículos. Tu

Una vez más, la inversión estará cubierta por el gran marketing que

generar.

Agregue cupones electrónicos en sus boletines que los ayudarán a aprovechar descuentos especiales. Poner

un número de control en su cupón electrónico para que solo se puedan usar una vez. Cuando

las personas obtienen descuentos que se pueden encontrar en sus boletines, estarán ansiosos

para recibir su boletín de noticias antes de lo que está promocionando a continuación.

Si sus suscriptores pueden beneficiarse de sus boletines, estarán muy ansiosos

para recibirlos. Simplemente no inunde su lista de correo con correos para que no

molestar a sus suscriptores.

Cómo captar la atención de sus lectores con su tema

La carrera por la supremacía en las empresas basadas en Internet se ha estado calentando mucho

y se han creado muchos sitios para ayudar a otros a salir adelante por una pequeña tarifa.

Pero también hay formas en las que no tiene que pagar tanto para hacer

usted mismo una buena lista de seguidores leales. Tener un tráfico web y visitantes satisfechos.

le permite establecer una base en la que puede crear una lista de suscripción y hacer

crece a partir de ahí.

Una lista de suscripción le permite proporcionar boletines a sus suscriptores con sus

consentimiento. Cuando las personas se registran, saben que recibirán actualizaciones

y noticias de su sitio y de la industria a la que representa a través de un correo electrónico. Pero eso

no significa que todos los que se suscriban los lean. Muchas listas tienen

construido debido a un archivo adjunto con software gratuito o para una promoción

descuento y tal. Algunos no están realmente interesados en recibir correos electrónicos de

empresas y simplemente trátelas como desperdicio del ciberespacio y elimínelas o tírelas a la basura

sin tan papilla como abrir el correo electrónico y escanearlos.

Puedes cambiar todo eso. Si bien el reenvío de un mensaje de correo electrónico es relativamente posterior

produciendo su boletín. Conseguir que la gente los abra no es tan fácil. Tú

no quiero perder todo el tiempo y el esfuerzo utilizados en la elaboración de los boletines,
quieren que la gente los lea y que sus intereses se despierten. Lo suficientemente interesado como para
vaya a su sitio web y mire a su alrededor y, sobre todo, compró y adquiera
sus productos o servicios.
Una de las numerosas formas en que puede tentar o persuadir a su suscriptor es
proporcionando un tema bien pensado y bien escrito. El asunto de un correo electrónico es
a qué se refiere a menudo cuando una persona o un destinatario de un correo electrónico decide
si quiere abrir o leer un correo electrónico. El tema podría ser fácilmente
considerado como uno de los aspectos más importantes de su correo electrónico promocional.
Tu tema debe ser breve y conciso. Deben proporcionar un resumen de la
contenido del correo electrónico para que el destinatario tenga un conocimiento básico del
contenido. Esto es realmente vital para captar la atención de sus lectores y
suscriptores. Quieres que tu sujeto capte instantáneamente la atención de tu
suscriptor y conseguir que se sientan intrigados para abrir su correo. Recuerda, es
no es necesariamente cierto que un suscriptor abra correos suscritos.
Un buen tema siempre debe estar despertando la curiosidad de su destinatario. Debería
literalmente obligar al destinatario a abrir el correo. Una cierta emoción debe encenderse

---

y hacer que abran el correo. Es fundamental utilizar palabras específicas para obtener la

25

reacción que necesita. Tenga en cuenta que el destinatario o suscriptores gasta solo una

unos segundos repasando cada tema de los e-mails que recibe. Usted debe

capte la atención de su lector de inmediato.

Hay muchos formularios que puede utilizar para su tema. Puede proporcionar un tema que

dice que su correo electrónico contiene contenido que les enseña consejos y métodos sobre

ciertos temas. Un ejemplo de esto es el uso de palabras clave y frases de palabras clave como

como, "Cómo", "consejos", "Guías para", Métodos en y otros por el estilo.

También puede poner su tema en forma de pregunta. Estos pueden incluir preguntas como,

"¿Estás enfermo y cansado de tu trabajo?" O "¿Su jefe siempre está en su caso?" Tratar permanecer en el tema que pertenece a su sitio para que sepa que su

los suscriptores se han registrado porque están interesados en ese tema. Esta forma

del tema es muy eficaz porque llegan a las emociones de sus destinatarios.

Cuando han leído la pregunta sobre tu tema, su mente comienza a responder

la pregunta ya.

También puede utilizar un tema que domine a su

lector. Declaraciones como "Actuar

ahora y obtenga esta oportunidad única en la vida ", o" Duplicar, triplicar e incluso

cuadruplica lo que estás ganando en un año ". Este tipo de asignaturas trata

los beneficios que su empresa brinda con sus productos y servicios.

También puede utilizar las noticias de última hora como tema para intrigar a su suscriptor. Para

Por ejemplo, si se ocupa de piezas de motor de automóvil, puede escribir en su tema,

"Anunciando el nuevo motor que no usa gasolina, funciona con agua". Esta

crea curiosidad en el lector y lo llevará a abrir el correo y leer en.

Cómo hacer que sus suscriptores pidan más

Solo como un experimento, un amigo se suscribió a diez correos electrónicos de suscripción diferentes

listas de marketing para ver cuáles son eficaces. Muchos sitios web y en línea

Las empresas han recurrido al envío de materiales promocionales a personas que han

suscrito a ellos en un esfuerzo por impulsar sus ventas o tráfico. Correo electrónico de suscripción

marketing envía boletines, actualizaciones de catálogos y muchas más promociones

materiales para los visitantes del sitio web que han acordado ser actualizados ya sea mensualmente,

semanal o semestral.

A través del correo electrónico, un internauta que se encuentre en la lista recibirá sus actualizaciones.
a través de correo electrónico. Si un material promocional despierta su interés, acudirán al
sitio para obtener más información o para comprar directamente. Para los operadores o propietarios del sitio web, esta es una oportunidad para recordar su lista de su existencia y exhibir sus productos.

Con los numerosos sitios en Internet que ofrecen los mismos productos o
servicios de una forma u otra, la competencia puede volverse bastante apretada y es
fácil de olvidar.
Volviendo a mi amigo que estaba experimentando, trató de averiguar qué marketing opt-in
las estrategias llevaron a una persona a pedir más. Algunos enviarían muy
de manera simple, algunos serían muy extravagantes, mientras que hay algunos que
solo acuéstate en el medio. Las diferencias se pueden notar fácilmente y algunas han
se le ocurrió la idea de una estrategia de marketing opt-in eficaz. Los apodó
efectivo porque sentía que no podía esperar para ir a su sitio y aprender
más, los más persuasivos incluso lo llevaron a la mitad del camino para alcanzar su billetera
ya su tarjeta de crédito antes de darse cuenta de que esto era solo para un experimento.
Muchas empresas y sitios presentan sus materiales promocionales en una amplia variedad de
conceptos. Cada uno tiene su propio estilo y diseños distintivos, pero más que el
el esquema y la presentación, el contenido y los artículos son lo que mantiene el
atención de su cliente potencial centrada en su marketing opt-in

medio. La creatividad es la clave aquí.

Al hablar con muchos suscriptores y foros satisfechos de la lista de inclusión voluntaria, me enteré de

lo que es esencial en el marketing opt-in y lo que hace que los suscriptores mendiguen

para obtener más en lugar de hacer cola para cancelar la suscripción.

Mantenga sus materiales promocionales ligeros, creativos y originales. Muchas personas están

estresado como está. Obtener una propuesta de negocios sofocante en lugar de una ligera

el correo electrónico sincero puede agitarlos más. Una cálida sonrisa amistosa o una broma es

siempre más bienvenido que una reunión o propuesta de negocios seria. Mientras tu

desea que sus clientes se tomen en serio a usted y a sus productos y servicios,

también quieres mostrarles que sabes cómo divertirte.

Salpique un poco de color en sus correos electrónicos y proporcione algunas fotos y artículos que

puede estar relacionado con usted, pero también mostrar buenas noticias o buenas imágenes alegres.

Proporcionar un boletín informativo o materiales promocionales que los mantendrán a la luz.

estado animico. Haga que sus materiales sean llamativos y atractivos que no podrán

quita sus ojos de ellos. Pique sus intereses.

Tener buen contenido y artículo, incluso si eso significa invertir en un

redactor de textos profesional para que los escriba por usted. Un redactor de textos eficaz debe

poder generar confianza entre usted y sus clientes. Deberían poder establezca su credibilidad en lo que escriben. Debe ser informativo pero no demasiado

cargado. Deje de lado las jergas profesionales y "hable" con sus destinatarios.

Un buen artículo y contenido deben poder describir los beneficios de su producto.

y servicios y por qué necesitan lo que usted ofrece. Pero no busques ser
demasiado ansioso y demasiado persuasivo. Debería ser capaz de entretener y liderar.
ellos a comprarle a usted.

Sus materiales promocionales deben ser claros. No dejes a la gente adivinando. Tú
debe llevarlos a usted y no al revés. Explíqueles lo que necesitan hazlo de una manera que no sea confusa. Trate de anticipar también cuál es su objetivo.
necesidades del cliente. Haga su investigación y recopilación de información, muchos sitios serán
capaz de ayudarte con eso.
Proporcione imágenes claras y nítidas de lo que ofrece. Si la gente sabe que
tienes para ellos, es más probable que mendiguen por más. Por ejemplo, si tu
están vendiendo un automóvil, proporcione fotos, pero solo las suficientes para alentarlos a ir
a su sitio para más.
¿Realmente puedes usar artículos para construir tu lista?
Conseguir clientes en su sitio siempre debe tener una clasificación tan alta como la importancia
de la calidad y excelencia del producto y los servicios que brinda. Deben ir de la mano para brindar a sus clientes la satisfacción que obtener a cambio del dinero que han pagado por ellos. Servicio al Cliente
también debe ser fantástico para que los clientes dispongan de la misma
satisfacción.
Una de las formas en que puede combinar el marketing y el servicio al cliente es a través de la suscripción.
márketing. Con una lista de suscripción, tiene la oportunidad de presentar su sitio y
productos en un buen momento. La estrategia de marketing opt-in es una estrategia de marketing

estrategia que es prácticamente de bajo costo y no requiere mucho tiempo. Aquí tienes el

consentimiento de los visitantes de su sitio web para suscribirse a sus boletines y otros

materiales promocionales como catálogos y promociones gratuitas. Opt-in marketing utiliza su lista de suscriptores para enviar correo electrónico. Estos correos electrónicos

contener los materiales que enviará a sus suscriptores. Es fundamental que

Presente sus artículos promocionales de una manera que atraiga el interés y el

ojo de sus suscriptores para mantenerlos con ganas de más. La mejor manera de hacer esto

es proporcionar artículos divertidos, entretenidos e informativos. Los artículos bien redactados, llenos de contenido e información útil, ayudarán a construir su

lista, ya que más suscriptores se sentirán atraídos por su lista. Cuando hayan leído el

muestras de su contenido en sus sitios, estarán intrigados en cuanto a lo que

ven a continuación. Suscribirse a su boletín les ofrecerá una idea de lo que

tengo que ofrecer a continuación.

Muchos sitios y empresas han captado la importancia de los artículos y esto también

ayuda en la optimización de motores de búsqueda. A medida que más personas se dirigen hacia el

Internet para sus necesidades de información, proporcionándoles la información correcta a través de

Los artículos en su sitio aumentarán el flujo de tráfico de su sitio web. Con más

tráfico, el porcentaje de sus ventas crecerá. Más ventas se convierten en más ganancias.

Ha aumentado la importancia de una información bien redactada y enriquecida.

y artículos llenos de palabras clave para el contenido de su sitio, así como para

boletines informativos. Estos artículos proporcionan la información que muchos buscan en el

Internet. Si su sitio los tiene, más personas irán a su sitio por información e investigación.

Los artículos bien escritos también mejorarían la reputación de su sitio. Si están llenos de

gran cantidad de información que se le considerará como bien informado y un experto en el

temas que aborda. Sus artículos deben estar bien investigados para que el

la gente confiará en ti. Cuando te hayas ganado su confianza, siempre vendrán

para usted por sus necesidades sobre ese tema.

En relación, debe escribir artículos o encargarlos para abordar temas que están estrechamente relacionados con su tipo de negocio. Si tiene un sitio para un

medicina que aborde una determinada enfermedad, sus artículos deben ser sobre las enfermedades.

O si vende materiales para mejoras en el hogar, proporcione artículos con esos

temas. La mayoría de los artículos que se buscan son consejos, pautas, métodos, manuales y

semejante. Si proporciona estos artículos a sus clientes y tiene su confianza,

siempre acudirán a su sitio en busca de ayuda y asesoramiento, así como de sus productos.

Con la lealtad de estos clientes, pueden suscribirse a su lista de suscripción para

Reciba toda la información que tenga. Si les proporciona las respuestas para

esa necesidad, estarán encantados de recibir sus boletines informativos, así como otros

materiales promocionales para mantenerlos bien informados. Otros pueden incluso reenviar

sus boletines informativos a otras personas cuando encuentran interesante un determinado artículo.

Debe proporcionar enlaces en su boletín informativo para que cuando otras personas lo estén leyendo

y desea leer más, pueden hacer clic en el enlace e ir a su sitio. Con los artículos que tiene en su sitio que son buenos, es posible que decidan registrarse como

bien para su lista de suscripción. Esto construirá su lista y la hará más grande.

Asegúrese de que sus suscriptores estén contentos e interesados en sus boletines y

materiales promocionales. Siga publicando y escribiendo buenos artículos para su sitio

y newsletter. Si no está interesado en escribirlos o simplemente no le interesa

tienen tiempo, hay muchos disponibles con mucha experiencia y conocimientos

escritores disponibles para ayudarte. Esta es una inversión que se amortizará en hora.

5 cosas a considerar al publicar un boletín

Proporcionar un boletín informativo para los suscriptores de la lista de suscripción ofrece muchos beneficios en

términos de generar tráfico en su sitio, así como impulsar las ventas y los beneficios de

su sitio y empresa.

Esta es una táctica de marketing que no afectará enormemente a su presupuesto de marketing y

Tampoco se requieren muchas horas hombre en el desarrollo de este proyecto.

Con un boletín, puede informar al público sobre su empresa y productos como

así como servicios. Puede mantenerlos informados y actualizados sobre lo que está sucediendo.

con su empresa, así como muchas de sus promociones y ofertas. Con

estos, sigue recordando a sus suscriptores que todavía está aquí y está

dispuesto a ofrecerles buenas ofertas y servicios.

Los boletines también le permiten impresionar a sus suscriptores. Puede mostrar tu experiencia

y conocimiento sobre el tema en cuestión y los muchos beneficios que puede ofrecer

ellos. Cuando impresiona a las personas, se convertirán en clientes potenciales y

otra gran cosa es que pueden recomendarte a sus amigos, colegas y familia. Todos ellos podrían muy bien ser clientes en el futuro.

Si no tiene un boletín informativo o no publica uno para su sitio, es posible que tenga

considerar la posibilidad de investigar y estar bien informado sobre cómo publicar uno. Es

no es tan fácil como parece, pero si obtiene la idea y el proceso correctos,

Será una navegación tranquila a partir de ahí. Trate de tomarse el tiempo para aprender lo que

necesita aprender y preparar ese boletín y es bueno para atraer suscriptores a
su boletín de noticias, así como el tráfico a su sitio.

En los próximos párrafos, le proporcionaré algunas cosas sobre las que reflexionar cuando
decide iniciar su propio boletín de noticias para su sitio. Aquí hay cinco cosas para
considerar al publicar un boletín.

1) Asegúrese de que el contenido de su boletín pertenezca y esté estrechamente asociado
con su negocio o el tema de su sitio. No te detengas demasiado en lo que podría
ser considerado como su campo de especialización. Has iniciado un sitio y tu tema.

porque su sitio siempre será algo de lo que esté informado. Para ejemplo; si tiene un sitio que vende autopartes, su boletín debe contienen artículos o contenido como fotos que pertenecen a automóviles, autopartes y demás.

También puede incluir contenido sobre su empresa y su personal. Recuerda
que los visitantes de un sitio determinado están allí porque están interesados en lo que
el sitio tiene que ofrecer. Si se inscriben en una lista de suscripción voluntaria o en un boletín informativo, esto significa
que quieren estar actualizados para ese tema o tema en particular. Estar seguro de que
cuando publica su boletín informativo, está respondiendo a la necesidad de
suscriptor, así como sus intereses.

2) Asegúrese de tener artículos bien redactados, repletos de información y ricos en contenido.

Sus artículos serán el cuerpo de su boletín y deberían poder entusiasme a sus lectores y proporcione información. Los artículos deben estar bien
escrito y revisado en busca de errores tales como errores ortográficos y gramaticales para
lucir profesional y creíble. La confianza de tu cliente para ti y newsletter
está en juego aquí.

3) Verifique sus artículos. Asegúrese de proporcionar datos y cifras verdaderos para
que su reputación como experto y conocedor en ese campo no es cuestionado. Si pierde la confianza de sus suscriptores, estos pueden persuadirlos.
para darse de baja de su newsletter. Perderá muchas ventas potenciales de esta manera.
4) Proporcione artículos nuevos y frescos que puedan proporcionar nueva información a su
suscriptores. Si publica noticias obsoletas y antiguas en su boletín, hay una
tendencia que las personas o sus suscriptores ya han leído y conocido
ellos. Esto perderá el interés en su boletín y no podrán leer
lo más importante, sus anuncios. No pueden abrir ni leer ninguno de sus

tener éxito en los boletines perdiendo su intención al escribir y publicar

boletines informativos, para que visiten su sitio y realicen una compra.

5) Nunca utilice materiales con derechos de autor como fotografías y artículos. Esto es total

plagio, puede tener muchos problemas por esto. Puedes perder tu negocio

y ser demandado por infracción de derechos de autor. Si no tienes tiempo para escribir

sus propios artículos, hay muchos escritores de artículos profesionales dispuestos y capaces

que puede hacerlo por usted por una tarifa razonable. Toda su inversión en escritura y

La publicación de artículos valdrá la pena cuando vea que su lista se acumula y su

tráfico en aumento.

Las 3 cosas que debe evitar al enviar su lista por correo electrónico

Cuando decide tener una lista de inclusión voluntaria, no se trata solo de enviar su

suscriptores de sus boletines promocionales o catálogos. Hay muchas cosas para

considerar para evitar muchas complicaciones. Si bien hay tantas formas en que

puede hacer que las personas se suscriban a su lista, también hay algunas cosas que debe hacer

para evitar que los suscriptores quieran salir de su lista.

Aparte de eso, también desea evitar cualquier problema con la ley y su

proveedor de servicios de Internet o ISP. Ahora hay muchas leyes y reglas que son

aplicado para ayudar a proteger la privacidad de los usuarios de Internet del spam y

correos no deseados. Con la popularidad del correo electrónico como medio para

marketing debido al bajo costo, muchas empresas se han apoderado de la

oportunidad y han inundado las cuentas de correo electrónico de muchas personas con promociones correo.

Pero, con una lista opt-in, evita esta molestia porque la gente se suscribe al

lista; quieren recibir los boletines y los materiales promocionales. Ellos tienen

consintió en estar en la lista al suscribirse, pero no se olvide de poner una función de cancelación de suscripción cada vez en su lista de suscripción para evitar cualquier

Confusión. Puede haber ocasiones en las que se proporcionó una cuenta de correo electrónico cuando

el propietario real no quiso suscribirse.

Es esencial que mantenga su lista limpia y manejable. Organícelo usando el

muchas herramientas y tecnologías disponibles para su lista de suscripción. No te preocupes; tu

la inversión en esta estrategia de marketing bien vale la pena con toda la cobertura que

obtendrá lo que probablemente se convertirá en ventas y luego en ganancias.

Manténgase a usted y a su empresa fuera de problemas y posibles enfrentamientos con la ley.

y los proveedores de servicios de Internet. Mantenga su operación legítima y limpia. Tu

reputación como un empresario legítimo y un sitio legítimo depende de su

ser un verdadero estratega de marketing. Como consejo, aquí hay tres cosas que

evite al enviar su lista por correo electrónico.

1) Toma nota de tus envíos fallidos. Estos son los correos electrónicos que rebotan.

Los correos electrónicos rebotados, también conocidos como mensajes que no se pueden entregar, son esos mensajes

que, por la razón que sea, no fueron recibidos con éxito por el recipiente.

Hay rebotes que ocurren u ocurren porque el servidor estaba ocupado en ese momento pero aún se puede entregar en otro momento. También hay rebotes porque el

La bandeja de entrada del destinatario está llena en ese momento. Hay esos mensajes de rebote que

simplemente no se pueden entregar nunca. La razón de esto es que puede ser inválido.

dirección de correo electrónico, una dirección de correo electrónico mal escrita o una dirección de correo electrónico abandonado y borrado ya.

Administre su lista poniendo marcas en los que rebotan. Borrar una cuenta de correo electrónico

de su lista para que tenga estadísticas y registros precisos sobre cómo

muchos están recibiendo su correo. Es posible que también desee comprobar la ortografía.

de sus direcciones de correo electrónico en su lista. Un error común es cuando una N en su lugar

de una M se coloca en el área .com.

2) Siempre proporcione una función para cancelar la suscripción en su sitio y un enlace para cancelar la suscripción en

sus correos. Cuando alguien en su lista presenta una solicitud para darse de baja,

siempre tome esa solicitud en serio. Si no los quita de su lista y mantiene

enviándoles sus correos electrónicos, ahora les está enviando correo no deseado.

Cuando te denuncien como spammer, tú y tu empresa pueden entrar en muchos

problema. Puede ser denunciado a las autoridades y tal vez muchos lo incluyan en la lista negra.

proveedores de servicio de Internet. Perderás muchos suscriptores de esta manera y muchos

más en suscriptores potenciales.

3) No proporcione contenido pornográfico o impactante o perturbador en su

boletines informativos. Es difícil descifrar la edad del destinatario y muchas quejas

puede provenir de estos. Los temas controvertidos también deben evitarse para no ser con la marca de sus suscriptores. Cíñete a la naturaleza de tu sitio y negocio.

Recuerde siempre estos consejos de este artículo para que pueda tener una
relación con sus suscriptores, así como mantenerse dentro de los límites de
lo que está permitido en el envío de correos electrónicos a una lista de suscripción.
7 formas de ganar dinero sin usar nada más que tu lista
Una lista de inclusión voluntaria puede ser muy importante para cualquier sitio o empresa basada en Internet.
Incluso para una pequeña empresa, como un sitio de nicho de ganancias, una lista de suscripción puede hacer un mundo
de diferencia y también agregar algunos ingresos extra para su bolsillo. Rara vez lo harías
ver un sitio de comercio electrónico, grande o pequeño, que no tiene una lista de suscripción.
Una lista de suscripción permite que una empresa comercialice sus productos y su sitio a través de un correo electrónico.
Con una lista de suscripción, un sitio y un suscriptor consienten enviar y recibir un
boletín de su empresa. A través de esto, puede mantener a sus suscriptores
estar al tanto de lo que está disponible actualmente en su sitio, así como de lo que se avecina
fuera.
Y debido a que existe un consentimiento mutuo entre las dos partes, cualquier correo enviado a la
La lista no se considera correo no deseado. Hay una gran cantidad de lecturas
materiales promocionales como catálogos, boletines y similares que se envían
porque los suscriptores mismos se han registrado para ellos, es decir, no
desea que le envíen esos artículos.

Crear una lista es crucial, solo un pequeño porcentaje se suscribe a una suscripción voluntaria.

lista. Muchas personas encuentran molestos los correos promocionales, pero usted proporciona una buena
boletín informativo o material promocional, verá que su lista se acumula y crece. Tú
También puede lograr esto al tener un buen contenido en su sitio. Si a la gente le gusta lo que
ven y leen en su sitio, seguramente querrán más. Boletines sería una forma de atraerlos de nuevo a su sitio. Un pequeño adelanto o aperitivo si
Vas a.
Pero además de comercializar sus productos y servicios, también se puede incluir una lista de suscripción.

utilizado para obtener beneficios adicionales. Sin embargo, no se pueden utilizar todas las listas. Seria bueno
primero cree una lista exitosa con una gran cantidad de suscriptores. Cuanto mas
suscriptores que tenga, más dinero podrá obtener. Aquí hay siete formas de
gane dinero usando nada más que su lista.
Coloque anuncios. Hay muchas corporaciones que estarán dispuestas a pagar para poner

sus banners y anuncios en una lista con muchos suscriptores. Vender o alquilar
listas no es una buena idea, así que en lugar de hacerlo, muchas empresas simplemente
en lugar de eso, coloque anuncios con listas que tengan una gran base de suscriptores. Tu boletín de noticias
podría colocarse con muchos anuncios y cada uno de ellos significa dinero.

Tener afiliaciones con otras empresas que tengan al menos una apariencia o relación con
de qué se trata su sitio. Aquí otras empresas proporcionarán enlaces y breves
descripciones de lo que ofrecen, productos y servicios. Con cada clic realizado en
el enlace que dirige o lleva a un suscriptor de su lista a su sitio, el la empresa te pagará. Este P4P o paga por rendimiento.
Haga tratos con otras empresas solicitando un pequeño porcentaje de las ventas realizadas
a través de su lista. Con cada venta realizada por clientes que provienen de su
lista y ha ido allí debido a su boletín de noticias, la otra empresa pagarle un pequeño porcentaje de sus ventas. Cuanta más gente compre en
ellos, más ganancias obtendrá.
También puede obtener productos de otros sitios en consignación y venderlos a
su lista a través de su boletín. Coloque descripciones, artículos y fotografías de la
producto en su boletín. Habrá quienes te comprarán y cuando eso sucede, puede solicitar el producto del otro sitio y venderlo a su
comprador.
Venda libros electrónicos o una recopilación de sus artículos en su lista. Manuales y procedimientos
los artículos tienen una gran demanda. Mucha gente estará dispuesta a desembolsar dinero para

adquirir conocimientos sobre un tema y un tema determinados. Con tu lista existente

confiando en su experiencia en esa área, se podría ofrecer y vender un libro electrónico o

utilizado como incentivo.

Crea una red a partir de tu lista. Consiga que la gente invite a más personas a ver su sitio.

y suscríbete a tu lista. Cuanto más grande sea su lista, más personas podrán

haga clic en sus enlaces y enlaces de afiliados, así como establezca sus tarifas de publicidad

más alto.

Los suscriptores están dispuestos a pagar por la información si saben que se puede confiar en ella y

confiado en. Utilice su lista para conseguir que más y más personas se suscriban a usted como

así como navegar por su sitio. Por último, puede utilizar su lista para ganar dinero haciendo

ellos sus socios. Tu lista será la línea de sangre de tu crecimiento y aumento

www.ingramcontent.com/pod-product-compliance
Lightning Source LLC
LaVergne TN
LVHW051630050326
832903LV00033B/4713